# EDICT DV ROY,

## EN FAVEVR DES REferendaires des Chancelleries de France, contenant leur salaire & attribution pour leur droict de veu & rapport de toutes lettres Royaux.

A PARIS,

Par FEDERIC MOREL, Imprimeur
ordinaire du Roy.

M. DC. X.

ENRY par la grace de Dieu
Roy de France & de Na-
uarre. A tous presens & à
venir, salut. Les feuz Roys
Loys douziesme & Fran-
çois premier d'heureuse
memoire, par leurs Edicts des annees 1510.
522. & 526. Sur la creation de nos Conseillers Refferendaires és Chancelleries esta-
blies pres nos Parlemens, auroient ordõ-
né à nosdicts Refferendaires de vacquer
continuellement à la visitation de toutes
les lettres qui se presenteront pour estre
scellees en nosdictes Chancelleries : A fin
de rapporter à nos Cours & feaux Conseillers, les maistres des requestes ordinaires de nostre hostel, les difficultez qui se-
roient esdites lettres: Et pour leur donner
moyen de s'entretenir esdictes charges,
ausquelles n'y a aucuns gaiges, leur auroit
accordé droict de veu & rapport , auec
pouuoir de proceder aux confectiõs d'en-
questes, examen à futur, & executions tãt

des Arrests de nos Cours Souueraines &
iugemens de tous nos Officiers, selon que
plusparticulieremét le côtiennent lesdicts
Edicts: desquelles attributions la pluspart
de nosdicts Refferendaires ont esté depuis
priuez par diuers autres Edicts, speciale-
ment par ceux de creation des Offices d'é-
questeurs, Substituts & Commissaires exa-
minateurs, comme aussi desdictes executions d'Arrests & iugemens Royaux, au
moyen de ce qu'aucune addresse ne leur
en est faicte, leur ayant d'ailleurs le pouuoir de rapporter lesdictes lettres esté re-
strainct par les reglemens par nous faits és
annees 1593. & 99. sur l'ordre de nos Châ-
celleries, En sorte que ce qui leur en reste
leur apporte si peu d'vtilité que la pluspart
de nosdicts Conseillers Refferendaires ne-
gligent la fonction de ladite charge: outre
que telles negligences donnent lieu à vne
infinité d'abus & surprises qui se commet-
tent en l'expedition desdictes lettres, ausquelles les parties & solliciteurs employét
des clauses inciuiles & contraires à nos
ordonnances & Arrests de nos cours souueraines: A quoy voulans pouruoir & re-
gler la fonction & salaire desdictes charges

de Refferendaires, esgalement par toutes lesdictes Chancelleries , esquelles l'vsage de veu & rapport de lettres est diuersémét praticqué pour estre eslongnez les vns des autres, & les reduire à vn mesme pied: De l'aduis de nostre conseil qui a veu les susdicts Edicts de creation & reglement des annees 1595. & 1599. auec les restrictions & moderations y contenues , auons dict declaré & ordonné, & de nos certaine sciéce, plaine puissance & auctorité royale, disons, declarons, & ordonnons, voulons , & nous plaist que doresnauant les lettres qui s'expediront en nos Chancelleries seront veuës & signees en queuë par l'vn de nosdits Conseillers Refferendaires: A la charge de rapporter par eux à nos amez & feaux Conseillers les maistres des requestes ordinaires de nostre hostel, les difficultez qui se trouueront en icelles, & qui regarderont l'obseruance des loix, coustumes & Arrests de nos cours souueraines, pour estant trouuees de iustice estre par l'vn de nosdicts Conseillers Refferendaires signees en queuë, comme les autres ordinaires: ausquels pour cest effect d'abõdant entant que besoing est ou seroit, nous

auons attribué & attribuons le pouuoir,
charge & function:n'entendans toutesfois
aucunement desroger ny preiudicier aux
priuileges,droits, libertez &pouuoir qu'ōt
nos Secretaires esdictes Chancelleries,des-
quels nous voulōs qu'ils iouissent & vsent
plainement & paisiblement selon & en la
forme qu'ils ont accoustumé, sans diminu-
tion des droicts cyapres accordez à nosdits
Conseillers Refferendaires, lesquels voulons se trouuer en nosdictes Chancelleries
au iour de seau dés sept heures du matin
& y demeurer pendant ledict seau , pour
voir promptement expedier lesdictes lettres , affin qu'à l'occasion desdicts rapports & signatures,les parties poursuiuan-
tes ne soyent aucunement retardees. Et
pour donner ausdicts Refferendaires plus
d'occasion d'y tenir l'assiduité requise,que
leur trauail ne soit inutile , & rapporter
tous lesdicts salaires à vne mesme &certai-
ne taxe par toutes lesdictes Chancelleries
pour euiter l'abus à l'aduenir sans le pouuoir exceder; Nous leurs attribuons par
ces presentes,sçauoir pour les pardons,be-
nefices d'inuentaires , benefice d'aage , six
sols parisis : pour les requestes ciuiles &

ampliations d'icelles six sols parisis : pour les recisions de contrats, obligations, main souueraine, Reliefs de cessions, renonciations à communautez, de successions, reliefs d'apprehension d'icelles, lettres pour articuler faits noueaux, terrier, examen à futur, & toutes autres lettres en cognoissance de cause quatre sols parisis : & pour les conuersions d'appel en oppositions, acquiessemens, reliefs d'appel, tant comme d'abus, d'incompetance, illico, anticipations, debitis, compulsoires, & toutes autres lettres communes deux sols parisis : & quant aux remissions, assiettes, & committimus, Nous leur deffendons d'en prendre aucune cognoissance. Voulons aussi que pour la conseruation des droits cy dessus declarez, l'vn desdicts Refferendaires en chacune desdictes Chancelleries puisse estre present auec le clerc commis à l'audiance pendant le controlle pardela la grille qui faict separation desdicts Secretaires d'auec ledict commis, pour voir & compter lesdicts rapports & en charger ledict clerc de l'audiance : auant lequel controlle nous faisons, conformement aux reglemens sur le faict des Chancelleries, tres

expresses inhibitions & defenses à toutes
persônes leuer aucunes lettres sur le seau,
& à nos amez Conseillers les audianciers
& Controlleurs esdictes Chancelleries en
deliurer, si ce n'est pour nos affaires, pour
nos treschers & feaux le Chancelier &
garde des seaux de France, maistres des requestes ordinaires de nostre hostel & nos
Conseillers, Notaires & Secretaires, mai-
son & couronne de France, notoirement
exempts du payement des droits du seau
& desdictes attributions de droits desdicts
Refferēdaires. De tous lesquels droits ain-
si attribuez, nous entendons bourse com-
mune estre faicte entre eux, Et lesdicts es-
molumens esgallement distribuez sans aucune particularité, à la charge du seruice
actuel: comme aussi entendōs lesdicts Re-
ferendaires estre gratifiez des droits du
seau des lettres expediees en leurs noms
seulement: ce que voulons les fermiers de
nosdicts droits souffrir & les laisser iouir,
sans qu'ils puissent pretendre aucun rabais
de leur ferme, attendu qu'ils estoient gratifiez volontairement auparauant le bail à
ferme faict à Anthoine Huron- Et d'autāt
qu'il est necessaire estre esclaircis du nom-

bre

bre des pourueuz defdicts offices de Refferendaires en chacune defdictes Chancelleries, Voulons & ordonnons qu'en có-
fequence de cestuy nostre present Edict,
reglement, & attribution fufdite, chacun
d'eux foit tenu de prendre lettres de con-
firmation de nous, qui leur feront expediees fur la nominatió de nostre tres-cher
& feal Chancelier, à fçauoir, ceux de Paris
& Rouën dans vn mois, Thoulouze, Bor-
deaux, Prouěce, Daulphiné, Dijon & Bre-
taigne, dans trois mois du iour de la publi-
cation des prefentes, & à faute de fatisfai-
re à nos vouloir & intention ledict temps
expiré, dés à prefent leur interdifons l'e-
xercice de leurs charges à peine de faux,
pour y estre par nous pourueu en leurs
places. Et où il fe trouuera estre befoin de
Refferendaires en aucunes de nofdictes
Chancelleries, nous voulons y estre pourueu par nostredict Chancellier à fa nomi-
nation, de tel nombre qu'il aduifera ne-
ceffaire en chacune d'icelles. Si donnons
en mandement à nostre tres-cher & feal
le fieur de Sillery Chancelier de France,
Maistres des requestes ordinaires de nostre hostel, & garde des feaux en chacune

defdictes Chancelleries, & à chacun deux
endroict foy ainfi qu'il appartiendra , ces
prefentes faire lire , publier & enregiftrer,
& du contenu iouir & vfer plainement &
paifiblement nofdicts Confeillers Refferēdaires,ceffant & faifant ceffer tous trou-
bles & empefchemés au cõtraire , nonobftant oppofitions on appellations quelf-
conques,pour lefquelles & fans preiudice
d'icelles,ne voulons eftre differé,dõt nous
referuons la cognoiffance à noftredict
Chancelier priuatiuement à tous autres:
Car tel eft noftre plaifir , nonobftant tous
Edicts, Ordonnances,mandemens,regle-
mens de 95.& 99. Arrefts,defenfes & lettres à ce contraire , aufquelles & à la derogatoire de leur derogatoire , Nous auõs
derogé & derogeons par cefdites prefentes, fignees de noftre main. Et à fin que ce
foit chofe ferme & ftable à toufiours,nous
auons faict mettre noftre fel à cefdictes
prefentes. Donné à Fontainebleau au
mois de May, l'an de grace 1609. & de noftre regne le 20. Signé, Henry : Et fur le
reply, Par le Roy, Delomenie : Et à co-
fté eft efcrit , vifa, plus fur ledict reply eft
efcrit ce qui s'enfuit,

Leuës, publiees & regiſtrees en l'Audiance de la Chancellerie de France, de l'ordonnance de Monſeigneur de Sillery Cheualier, Chācelier de France, le ſeau tenant à Fontainebleau, le 25. iour de May 1609. par moy Conſeiller, Secretaire du Roy & de ſes finances, & grand Audiancier de France. Signé, Des-Portes.

Ces preſentes ont eſté leuës, publiees & regiſtrees en la Chancellerie de Paris, de l'ordonnance du ſieur de Beaumont Conſeiller au Conſeil d'Eſtat du Roy, & maiſtre des Requeſtes ordinaires de ſon hoſtel, tenant le ſeau moy Conſeiller, Secretaire de ſa Majeſté, & Audiancier en ladite Chancellerie preſent, le 5. iour de Iuin 1609. Signé, Depilleur, & au dos eſt eſcrit regiſtrata, & ſeellé du grand ſeau en lacqs de ſoye rouge & verte de cire verte.